20 Avril 1898

PN

EXEMPLAIRE DE H. STETTINER

CATALOGUE

DES

ANCIENNES PORCELAINES TENDRES

DE SÈVRES

IMPORTANT SERVICE DE TABLE DIT DE BUFFON

BRONZES ET MEUBLES DES XVIIe ET XVIIIe SIÈCLES

Provenant de l'ancienne Collection Léopold Double

TABLEAUX ET DESSINS

ANCIENS ET MODERNES

PAR

Bouts, Camphuysen, Cranach, Delacroix, Français, Harpignies, De Heem, Henner
Holbein, Ingres, Keyser, Van Marcke
Pille, Rousseau, Terburg, Van de Velde, Yon, etc.

EAUX-FORTES ET LITHOGRAPHIES

Appartenant à divers

ET DONT LA VENTE AURA LIEU

HOTEL DROUOT, SALLE N° 1

Le Mercredi 20 Avril 1898

à deux heures

COMMISSAIRE-PRISEUR

Me PAUL CHEVALLIER

10, rue Grange-Batelière, 10

EXPERTS

Pour les Objets d'art :

MM. MANNHEIM — 7, rue Saint-Georges, 7

M. A. BLOCHE — 28, rue de Châteaudun, 28

Pour les Tableaux :

MM. FÉRAL PÈRE & FILS

54, rue du Faubourg-Montmartre, 54

EXPOSITION PUBLIQUE

Le Mardi 19 Avril 1898, de 1 heure 1/2 à 5 heures 1/2

CONDITIONS DE LA VENTE

Elle sera faite au comptant.

Les acquéreurs paieront *cinq pour cent* en sus des adjudications.

L'exposition mettant le public à même de se rendre compte de l'état et de la nature des objets, il ne sera admis aucune réclamation une fois l'adjudication prononcée.

Paris. — Imp. de l'Art, E. MOREAU ET Cie, 41, rue de la Victoire.

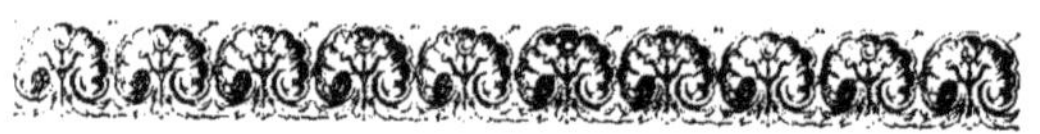

DÉSIGNATION DES OBJETS

OBJETS PROVENANT
DE L'ANCIENNE
COLLECTION LÉOPOLD DOUBLE

PORCELAINES TENDRES DE SÈVRES

1 — Beau service de table en ancienne porcelaine de Sèvres, pâte tendre, à œils de perdrix, sur fond vert, médaillons d'oiseaux et bustes en camaïeu au bord, et paysages avec oiseaux au centre de chacune des pièces.

Ce service, dit de Buffon, a été exécuté en 1781 par les peintres suivants : Evans, Bouillat et Pithou, et les dorures ont été faites par Vincent, Chauvaux et Prevost. Au-dessous de chaque pièce se trouve le nom de l'oiseau représenté à l'intérieur, ce qui a donné au service le nom de : Édition de Buffon.

Il se compose :

Soixante-treize assiettes plates et creuses.

Cinq compotiers modèle coquille.
Quatre compotiers ronds.
Cinq compotiers carrés à angles arrondis.
Six compotiers ovales.
Deux confituriers à deux places.
Deux sucriers ovales avec plateaux.
Deux sucriers ovales et à lobes.
Deux glacières à deux anses avec doubles fonds et couvercles.
Deux grandes corbeilles ovales ; ces dernières garnies de montures modernes en bronze doré.
Quelques pièces de ce service ont été exécutées en 1805 comme complément.

2 — Deux seaux à rafraîchir, à deux anses, en ancienne porcelaine de Sèvres, pâte tendre, à large bordure d'ornements à feuillages sur fond amaranthe, rang de perles sur fond bleu et médaillons de pensées encadrés de perles et reliés entre eux par des fleurettes variées. Époque Louis XVI. (Lettres M M., année 1788).

3 — Verrière des mêmes porcelaine et décor que les deux seaux qui précèdent.

4 — Cabaret en ancienne porcelaine de Sèvres, pâte tendre, décoré de paysages et d'attributs champêtres, par Vieillard. Il se compose d'une théière,

d'un pot à crème, d'un sucrier, d'une grande tasse à deux anses, avec couvercle et soucoupe, et de six tasses de forme arrondie avec soucoupes. Ce cabaret est accompagné d'un passe-thé et d'une pince à sucre en argent et le tout est renfermé dans un écrin, garni à l'extérieur de gros de Tours, à fleurs brochées sur fond blanc.

5 — Vase pot-pourri sur piédouche avec son couvercle en ancienne porcelaine de Sèvres, pâte tendre; il est décoré sur fond vert de deux réserves de forme contournée, contenant chacune un paysage en couleurs; l'épaulement et le couvercle sont ajourés, et le bouton du couvercle simule une fleur. Rehauts d'or. Lettre F.: Année 1758. Décor par *Gomery*.

Haut. 20 cent.

6 — Six pots à crème avec couvercles en ancienne porcelaine de Sèvres, pâte tendre, à médaillons d'amours, couronnes de laurier et festons de fleurs en couleurs. Le bord est bleu foncé.

7 — Plateau à biscuits à bords festonnés en ancienne porcelaine de Sèvres, pâte tendre, à ornements gaufrés et dorés, hachures bleues et jetées de fleurs polychromes.

PORCELAINES VARIÉES

8 — Tête-à-tête en ancienne porcelaine de Vienne à bord rouge orangé, rehaussé d'un ruban vert, sujets de personnages en couleurs et médaillons paysages en grisaille. Il se compose d'un plateau oblong à contours avec galerie à jour, une cafetière, un pot à crème, une petite corbeille à sucre et deux tasses avec soucoupes. Dans un étui garni d'étoffe ancienne à fond rouge et fleurs brochées.

9 — Deux pièces en ancienne porcelaine du Japon, à décor en bleu, rouge et or, de compartiments d'arbustes, haies et fleurs : potiche et cornet accompagnés d'une garniture de bronze.

OBJETS DIVERS

COQUES (Gonzalès.)

(1614-1684 Anvers)

10 — Famille hollandaise. — Elle est réunie sous le péristyle d'une riche habitation : le grand-père et la grand'mère, vêtus de noir, sont assis au centre ; ils ont à droite et à gauche quatre jeunes femmes donnant chacune la main à leurs époux ; près d'eux, deux petites fillettes, dont l'une joue

avec un chien : à droite, un nègre tenant un cheval par la bride : à gauche, un personnage qui paraît être un notaire portant des contrats.

Bois. Haut., 68 cent.; larg., 90 cent.

11 — Bonbonnière ronde du temps de Louis XVI, en écaille blonde, ornée sur le couvercle d'une miniature à sujet allégorique à l'Amour.

12 — Échiquier formant boîte en marqueterie de l'Inde, avec pièces en ivoire sculpté, peint en rouge et en vert.

Ce jeu aurait été offert en 1680 à Louis XIV par l'ambassade siamoise. Les pièces représentent des Anglais et des Indous. La boîte en marqueterie porte incrustés en cuivre le chiffre et le soleil de Louis XIV.

BRONZES

13 — Deux petits candélabres du temps de Louis XVI à figures de nymphes portant des cornets d'où s'échappent trois branches porte-lumières en bronze doré sur socles en marbre blanc garnis d'ornements en bronze doré.

14 — Pendule du temps de la Restauration en bronze doré : Renommée assise. Le cadran porte le nom de *Laguesse à Paris*.

MEUBLES

15 — Deux belles encoignures, du temps de Louis XV, en ancien laque du Coromandel, décorées de sujets familiaux peints en couleurs sur fond noir, et garnies d'encadrements et de chutes en bronze ciselé et doré, composées d'ornements rocaille et de feuillages. Elles sont couvertes d'une tablette en marbre brocatelle d'Espagne.

Larg., 85 cent.; prof., [illegible] cent.

16 — Grand et beau bureau à cylindre, du temps de Louis XVI, en bois d'acajou, garni de quelques ornements en bronze ciselé et doré. Il renferme quantité de tiroirs et de compartiments à secret.

Nous attribuons ce meuble à David Rœntgen de Neuwied.

Prof., 90 cent.; haut., 1 m. 34; larg., 1 m. 57.

17 — Grande bibliothèque en bois noir, fermant à deux portes vitrées, et avec tiroirs dans la partie inférieure à gorge. Elle est très richement ornée de bronzes ciselés et dorés à mascarons, têtes de femmes et de satyres et ornements. Époque Louis XIV. Elle provient, dit-on, du château de Fontainebleau.

Haut., 2 m. 90 cent.; larg., 2 m. 23 cent.

18 — Console en bois d'acajou, garni de moulures et de cannelures de cuivre; dessus en marbre blanc avec galerie de cuivre. Époque Louis XVI.

19 — Table tric-trac en bois de rose avec dessus formant damier et échiquier. Elle est garnie de rosaces et de chutes en bronze ciselé et doré. Époque Louis XVI.

Long., 1 m. 20 cent.; larg., 66 cent.

20 — Lit Louis XVI en bois sculpté, à cannelures, rosaces et pommes de pin. Il est accompagné d'un ciel de lit ovale sculpté à fleurs, et il est garni de cretonne à fleurs polychromes et bandes bleues.

21 — Chaise-longue en bois sculpté et doré, à huit pieds reliés par des entretoises en X. Époque Régence. Elle a été recouverte en velours grenat.

22 — Six chaises Louis XV en bois sculpté, peint en blanc et rehaussé de dorure. Elles sont couvertes de soie rose, avec applications de fleurs en velours de nuances variées.

TABLEAUX ET DESSINS

APPARTENANT A DIVERS

TABLEAUX ANCIENS

BORCH (Gérard Ter) dit Terburg

Zwolle, 1617-1681, Deventer.

23 — *Portrait d'Homme.*

A mi-corps de trois quarts, tourné vers la droite ; cheveux longs, descendant sur les épaules ; moustache blonde ; un col de linon uni se détache sur un costume de soie noire. De la main gauche, il tient ses gants.

Forme ronde. Diam., 26 cent.

24 — *Portrait de Femme.*

(PENDANT DU PRÉCÉDENT)

De trois quarts vers la gauche, elle est vue à mi-corps, en robe de soie grise avec guimpe et manchettes de gaze : elle a les mains l'une dans l'autre à hauteur de la taille et tient un éventail. Des bracelets de perles entourent ses poignets.

Deux petits portraits de la plus belle qualité du maître et d'une parfaite distinction.

Forme ronde. Diam., 26 cent.

BOUTS (Thierry) le Vieux

1400-1475, Haarlem.

25 — *Le Calvaire.*

Le Christ expire, cloué sur la croix, au pied de laquelle la Madeleine est assise, revêtue d'un somptueux costume de brocart, ses cheveux blonds s'échappant d'une coiffure d'or en forme de casque. Deux anges, en tunique rose, recueillent dans des calices d'or le sang qui jaillit des plaies du Christ. A gauche, sont debout la Vierge, vêtue de noir, et saint Jean-Baptiste. A droite, en regard, saint Pierre tenant un livre d'heures et les clefs, et saint Jean, les mains jointes, dans l'attitude de la prière.

Bois. Haut., 60 cent.; larg., 52 cent.

CAMPHUYSEN (Govert)

Gorcum, 1624-1672, Amsterdam.

26 — *L'Étable hollandaise.*

A droite, une vieille femme, assise contre un tréteau où se voit un chou et une volaille, est occupée à un travail de couture. Par terre, des ciseaux, une corbeille pleine de loques, un chaudron, des poteries, un baquet, un balai ; à gauche, une rangée de vaches adossées à la muraille. Au fond, une femme baratte le beurre.

Bon et agréable spécimen du maitre.

Signé à gauche, sur une planche, en lettres grises.

Bois. Haut., 36 cent.; larg., 35 cent.

CASTEELS (PIETER)

1684-1749.

27 — *Oiseaux de basse-cour.*

Coq, poules hupées de diverses couleurs, poule blanche et ses poussins, pigeons, etc., dans un coin de parc, au pied d'un vase derrière lequel divers oiseaux sont perchés sur des branches.

Agréable peinture décorative, portant à gauche, sur un débris d'architecture, la signature du peintre et la date 1728.

Toile. Haut., 1 m. 2 cent.; larg., 1 m. 26 cent.

CRANACH (LUCAS)

Kronach, 1472-1553, Weimar.

28 — *Portrait de Calvin.*

De trois quarts vers la gauche et à mi-corps. Cheveux longs, barbe taillée court; costume noir: il tient un manuscrit roulé dans la main gauche. Fond verdâtre: à droite, le dragon ailé, sigle du peintre.

Œuvre remarquable et d'un grand caractère.

Bois. Haut., 34 cent.; larg., 21 cent.

CRANACH (Lucas)

29 — *Portrait de Mélanchton.*

(PENDANT DU TABLEAU QUI PRÉCÈDE.)

De trois quarts, tourné vers la droite, il est vu à mi-corps et tient un livre des deux mains. Il est blond, porte une barbe taillée en pointe et ses cheveux longs descendent sur les oreilles.

A gauche, le sigle du peintre.

Bois. Haut., 34 cent.; larg., 21 cent.

CUYP (attribué à Albert)

(1620-1691, Dordrecht.)

30 — *En vue de Dordrecht.*

Plusieurs barques de pêche, silhouettant leurs voiles brunes sur un ciel nuageux, très lumineux, naviguent à quelque distance du rivage.

Tableau d'une grande finesse de ton.

Bois. Haut., 47 cent.; larg., 61 cent.

DEFENDENTE DEFERRARI DA CHIVASSO

FONDATEUR DE L'ÉCOLE PIÉMONTAISE

Fin du XVe siècle.

31 — *La Vierge aux donateurs.*

Sur son trône, drapée dans un ample manteau bleu bordé de broderies d'or, la Vierge Marie soutient, assis sur ses genoux, l'Enfant-Jésus qui tient une fleur de chaque main. A gauche, saint Jean-Baptiste : à droite, saint Eusèbe, évêque. En avant, de chaque côté, deux donateurs vêtus de noir sont à genoux, de profil et en regard. Au-dessus du trône, trois anges font de la musique, deux autres anges musiciens sont assis dans le bas de la composition, de chaque côté d'une coupe pleine de fruits, près de laquelle un perroquet picote des cerises. Les fonds et certains détails des costumes sont gaufrés en relief et dorés.

Bois. Haut. 1 m. 67 cent.; larg., 1 m. 37 cent.

HEEM (Cornelis de)

1630-1692, La Haye.

32 — *Nature morte.*

De magnifiques pièces d'orfèvrerie, aiguières, hanaps, coupes, bassins, un grand verre de Venise, une corbeille remplie de pêches, de raisins et de figues, un citron à moitié pelé dans une assiette d'étain, un melon entamé, sont assemblés sur une table, contre laquelle s'amoncèlent divers instruments de musique, basse de viole, violon, mandoline, cornemuse, etc. Par terre, deux grands flacons de cristal rafraichissent dans une vasque en cuivre repoussé.

Ce tableau passe pour être l'un des chefs-d'œuvre du maître, dont il porte la signature, à gauche, sur un feuillet de musique.

Toile. Haut., 1 m. 53 cent.; larg., 1 m. 65 cent.

HOLBEIN (Sigismond)

Augsbourg, 1465-1540, Berne.

33 — *Portrait d'un Banquier.*

A mi-corps, vu de face, barbe et chevelure blondes, coiffé d'une toque; costume noir; les deux mains posées sur une table, il tient une lettre de la gauche. Fond de ciel bleu, traversé par la cordelière d'un rideau drapé sur la gauche. On lit en bas : AN 1536 ÆTA : 30.

Remarquable spécimen d'un peintre, dont Hans Holbein fut le neveu et l'héritier.

Cadre plaqué d'écaille et à moulures noires guillochées.

Bois. Haut., 52 cent.; larg., 41 cent.

KEYSER (THOMAS DE)

Amsterdam, 1596-1667.

34 — *Portrait d'Homme.*

Gentilhomme représenté à mi-corps, de trois quarts, grandeur nature; moustaches retroussées et barbiche blondes ; cheveux longs châtains clairs ; il porte une collerette bouillonnée, des manchettes unies, un pourpoint de velours noir frappé. De la main droite, il maintient le pan de son manteau, jeté sur l'épaule gauche. Il a des gants dans la main gauche.

Portrait de haute qualité, traité dans la manière puissante qui caractérise ses derniers chefs-d'œuvre du Musée de l'Etat à Amsterdam.

Bois. Haut., 69 cent.; larg., 53 cent.

KEYSER (attribué à THOMAS DE)

35 — *Portrait de Femme.*

Représentée à mi-corps, de trois quarts, tournée vers la droite, elle porte une coiffe de guipure en éventail ; le cou est enserré d'une fraise de linon godronnée. La robe est gris-verdâtre. Fond uni.

Bonne peinture pour la puissance du modelé et la délicatesse des colorations.

Bois. Haut., 44 cent.; larg., 30 cent.

HONDECOETER (GYSBERT DE)

Première moitié du XVIIe siècle. Utrecht.

36 — *Le Paon.*

Il est debout sur la margelle d'une fontaine, autour de laquelle sont groupés des pigeons, un coq et une poule avec ses poussins.

Toile. Haut., 1 m.; larg., 1 m. 25 cent.

HOPPNER (JOHN)

1758-1810. Londres.

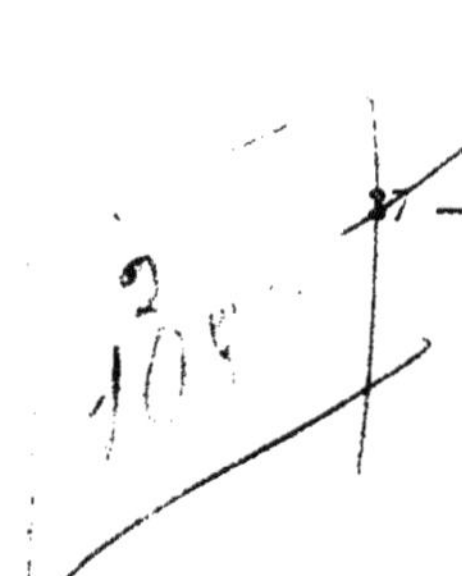

37 — *Portrait d'un Jeune Seigneur.*

Il est représenté en pied, de grandeur naturelle, habillé de bleu et coiffé d'une toque à plume ; il est accoudé sur un fût de colonne et tient un arc et des flèches: à ses pieds, deux chiens épagneuls.

Haut., 1 m. 72 cent.; Larg., 1 m. 21 cent.

MANS (Frédéric H.)

XVIIe siècle. Utrecht.

38 — *Environs de Nimègue.*

A gauche, sur un chemin au bord de l'eau, on voit une villageoise causant avec une femme assise sur un tronc abattu, un berger poussant devant lui des moutons ; un enfant portant un panier d'œufs, un homme sous la porte de sa cabane. A droite, sur le fleuve, de nombreuses embarcations et, au-delà, la ville assise au pied des collines.

Toile. Haut., 49 cent. ; larg., 61 cent.

POINDRE (Jacob de)

Malines, 1527-1570. Copenhague.

39 — *Portrait d'un Prélat.*

A mi-corps, de trois quarts vers la gauche, les mains jointes, il est en prières devant un prie-Dieu. Il est couvert d'une chape de velours avec riches orfrois brodés de perles. Entre ses bras est une magnifique crosse gothique toute dorée. Une mitre brodée d'or et de perles est posée sur un piédestal à ses côtés. A gauche, on lit : *Spiritvm rectvm inspira. anno etatis sue 53 anno 1563*, et plus bas : *Jacobvs Punder fecit.*

Cette œuvre, intéressante et des plus remarquables du célèbre portraitiste qui quitta sa patrie pour entrer au service du roi de Danemarck, a fait partie de la collection du comte J. de la Béraudière.

Bois. Haut., 83 cent. ; larg., 57 cent.

VELDE (Willem Van de) le Père

1610-1693.

40 — *Flotte hollandaise au mouillage, en vue des dunes de Schewveningue.*

Œuvre capitale de l'artiste, comprenant de nombreux navires et embarcations diverses : elle est animée d'une multitude de personnages.

Dessin à la plume et à l'encre de Chine sur panneau, en manière de gravure.

Bois. Haut., 84 cent.; larg., 1 m. 13 cent

DESSINS ANCIENS

BOUCHER (attribué à François)

41 — *Nymphe au réveil.*

Crayons noir et blanc.
Cachets d'anciennes collections.

CANTARINI (Simone) dit S. da Pesara

42 — *Sujet mythologique.*

Dessin à la plume.
Signé.

CIGNANI (Carlo)

43 — *Tête de Dieu le Père et Sainte Famille.*

Deux croquis à la plume et à la sépia, sur la même feuille.

CRESPI (Guiseppe Maria) dit Il Spagnuolo

44 — *Notre-Dame des Douleurs.*

Dessin à la plume lavé de sépia.

PARMIGIANO (Fr. Mazzuola, dit Il)

45 — *Les Saintes Femmes.*

Dessin à la plume.

WATTEAU (Antoine) (Attribué à)

Valenciennes, 1684 + 1721, Nogent-sur-Marne.

46 — *Tête de Pierrot, Tête de Mezzetin, Tête de Flûtiste et deux études de mains.*

Cinq dessins sur la même feuille.
Crayon noir et sanguine. Encadrés.

Haut., 23 cent.; larg., 16 cent.

ÉCOLE ITALIENNE (xviiie siècle)

47 — *Figures décoratives.*

Plume et sépia.

Haut., 18 cent.; larg., 25 cent.

ÉCOLE VÉNITIENNE (xviiie siècle)

48 — *Un Repas.*

Dessin à la plume.

Haut., 26 cent.; larg., 46 cent.

TABLEAUX MODERNES

BOS (G. VAN DEN)

ÉCOLE HOLLANDAISE

49 — *L'Adieu.*

Signé en bas, à gauche.

Toile. Haut., 83 cent.; larg., 69 cent.

FALGUIÈRE (ALEXANDRE)

50 — *La Décollation de saint Jean-Baptiste.*

Œuvre importante de l'artiste et d'une puissante facture.

Haut., 2 m. 48 cent.; larg., 1 m. 76 cent.

HENNER (JEAN-JACQUES)

51 — *Baigneuse.*

Haut., 25 cent.; larg., 18 cent.

MANTELET-GOGUET

52 — *La Place de la Bourse.*

Haut., 59 cent.; larg., 38 cent.

53 — *La Boîte aux lettres.*

Haut., 59 cent.; larg., 38 cent.

MOER (Jean-Baptiste Van)

54 — *Entrée de ferme, près de l'abbaye de Villers.*

Étude d'après nature.

Haut., 39 cent.; larg., 31 cent.

PICKNELL (William)

55 — *Antibes.*

Étude d'après nature.
Grisaille.

Haut., 32 cent.; larg., 44 cent.

56 — *Antibes.*

Étude d'après nature.
Grisaille.

Haut., 32 cent.; larg., 44 cent.

ROUSSEAU (Théodore)

57 — *Clairière en forêt de Fontainebleau.*

Signé en bas à gauche, en toutes lettres.

Toile. Haut., 18 cent.; larg., 16 cent.

VOS (H.-M.)

ÉCOLE HOLLANDAISE

58 — *Portrait de Femme.*

Signé.

Haut., 63 cent.; larg., 52 cent.

AQUARELLES ET DESSINS

MODERNES

BONNEFOY (Henry)

4 — 59 — *Dessous de bois.*

Aquarelle.

BUHOT (Félix)

60 — Cadre contenant trois pièces :

1° Un dessin à la plume, par Buhot, d'après Georges Becker : *Raspha protège les corps de ses fils contre les oiseaux de proie ;*

2° et 3° Deux dessins à la plume, d'après Millet, par Th. Chauvel : *le Berger ; Anes dans la prairie.*

CHAUVEL (Théophile)

61 — Deux dessins à la plume, d'après deux pastels de J.-F. Millet.

10 —

1° *Lapin sortant de leur terrier ;*

2° *Cour de ferme, la nuit.*

DELACROIX (Eugène)

62 — *Étude de Chats.*

Trois croquis au crayon, datés : 5 Xbre 1843.
Estampille de la vente Delacroix.

Haut., 25 cent.; larg., 37 cent.

DELACROIX (E.)

63 — *Étude de Chat.*

Crayon.
Estampille de la vente.

Haut., 16 cent.; larg., 22 cent.

FRANCOIS (Louis)

64 — *Vallée de Roussillon (Ain), le matin.*

Dessin à la plume.

GALOFRE (B.)

65 — *Éventail.*

Jeune femme, fleurs et zéphyrs, sur un terrasse au bord de la mer.

Aquarelle sur parchemin.

Larg., 58 cent.

HERVIER

75 — *Distribution de soupe, salle Saint-Jean (Amiens, 1864).*

Dessin à la plume.

Haut., 11 cent.; larg., 15 cent.

INGRES

76 — *Portrait de Paganini.*

Contre-épreuve.

Haut., 23 cent.; larg., 17 cent.

JACQUEMART (J.)

77 — *Danseuse arabe.*

Aquarelle signée et datée 1871.

Haut., 29 cent.; larg., 23 cent.

LELEUX (Adolphe)

78 — *Les Bergers landais.*

Aquarelle signée et datée 1849.

Haut., 16 cent.; larg., 10 cent. 1/2.

LESSORE (E.)

79 — *Les Petits Villageois.*

Aquarelle.

Haut., 22 cent.; larg., 34 cent.

MARCKE (Émile Van)

80 — *Vaches au pâturage.*

Dessin à la plume sur papier bleu.
Signé en bas à gauche.

MERCURI

81 — *Portrait de Mercuri.*

Dessin au crayon noir, avec dédicace et envoi à son ami L. Calamatta.

Haut., 95 millim., larg., 80 millim.

PARSONS (Alfred)

MEMBRE DE LA ROYAL ACADEMY

82 — *La Fin de l'Été.*

Dessin à la plume.

PILLE (Henri)

83 — *Moine quêteur.*

Dessin à la plume.

Haut., 35 cent., larg., 23 cent.

RAPIN (Alexandre)

84 — *Près de Cernay.*

Fusain d'après nature.

SOMERSET (R.-G.)

85 — *Vue de Surrey.*

Signé des initiales.
Plume et crayon.

VIOLLET-LE-DUC (E.)

86 — *Sommet du glacier de Sharzsemberg, après le passage du Weissthor. 11 juillet 1870.*

Gouache.

Haut., 21 cent.; larg., 27 cent.

VIOLLET-LE-DUC (E.)

87 — *Vue du Mont-Blanc (7 septembre 1869).*

Aquarelle d'après nature.

YON (Edmond)

88 — *En Forêt.*

Pastel.

89 — *Les Filets.*

Pastel.

90 — *Paysage de la Brie.*

Pastel.

91 — *Dans la Banlieue de Paris.*

Encre de Chine avec rehauts de blanc sur papier bleu.

EAUX-FORTES, LITHOGRAPHIES

PHOTOGRAPHIES

92 — Eau-forte : *la République*, d'après le haut-relief de Jules Dalou, pour la ville de Paris, par DANIEL MORDANT.

Épreuve non terminée.
Second état de la planche.

93 — *Sans Gêne* et *Indiscrétion*, deux eaux-fortes coloriées, par M. DEVILLE, d'après H. GRAY.

94 — Eau-forte, par PAUL RENOUARD, *ancien gendarme à l'infirmerie des Invalides*.

Cette planche, exécutée pour la Société des Aquafortistes français n'a pas été mise dans le commerce et ne peut pas y être mise.

95 — *Le Perroquet favori*, gravure anglaise, d'après GEORGE MORLAND.

96 — Cadre contenant deux eaux-fortes, dont l'une est exécutée d'après l'*Ève*, peinte par ARMAND BERTON.

97 — *Le Chanoine Dollinger,* eau-forte de Gery Bichard, d'après le portrait peint par Franz von Lenbach.

98 — Lithographie : *L'Odalisque*, d'après Ingres, par Sudre, 1826.

Épreuve de choix.

99 — Deux cadres : l'un contenant une photographie d'après une sanguine de Raphaël ; l'autre, deux photographies, d'après des dessins à la plume de maîtres italiens.

100 à 103 — Neuf cadres contenant chacun plusieurs reproductions photographiques des œuvres les plus célèbres de J.-F. Millet.

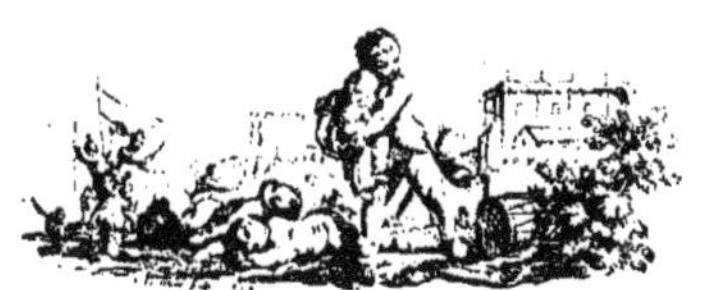

www.ingramcontent.com/pod-product-compliance
Ingram Content Group UK Ltd.
Pitfield, Milton Keynes, MK11 3LW, UK
UKHW020517180726
13839UKWH00005B/2149

9 782329 486512